Cómo Superar

la Tempestad

Por Wayne W. Sanders

*Y entrando él en la barca, sus discípulos le siguieron.
Y he aquí que se levantó en el mar una tempestad tan
grande que las olas cubrían la barca; pero él dormía.*

Mateo 8:23-24 (RVR1960)

Como Superar

La Tempestad

Por Wayne Sanders

Christian Literature and Artwork
A BOLD TRUTH Publication

ISBN 13: 978-0-9972586-4-6

Common Ground Ministries
P.O. Box 2811
Broken Arrow, Oklahoma 74013
www.cgmok.com
waycon3@gmail.com

BOLD TRUTH PUBLISHING
300 West 41st Street
Sand Springs, Oklahoma 74063
www.BoldTruthPublishing.com

Dedicatoria

Primero que nada dedico este libro a quien me inspiro a escribirlo, Jesucristo mi señor y salvador. Lograr escribir en papel mis pensamientos ha sido un reto interesante. Pero gracias a las oraciones y al apoyo de mi esposa este libro al fin está terminado y listo para ser entregado y leído por ti el lector.

Quisiera agradecer en especial a una amiga cercana a la familia, miss Gale Sherrill que entrego incontables horas editando y redactando este libro para mí. Aunque no sea un libro extenso sin duda alguna fue un reto para ella también poder capturar mis pensamientos y traer claridad a ellos.

Unas simples gracias nunca serán suficientes para expresar la inmensa gratitud hacia todos mis amigos que me lograron apoyar leyendo y volviendo a leer este manuscrito hasta su terminación; Y luego me guiaron a través de sus talentos a diseñar la portada y el orden del mensaje y su contenido.

También agradezco a Aaron Jones por hacer posible la publicación de este libro y a Esther Gatica por la traducción.

De último pero no de menos: con toda humildad y sinceridad pido me disculpen por ser incapaz de nombrar a las incontables amistades que han permanecido fieles conmigo a través de todos estos años, de igual manera gracias.

Contenido

Introducción..1

Capítulo 1

Estable...5
Los Vientos y Las Olas obedecen a Jesús.....................5
Conducido y Sacudido por el viento..........................14
JENNIFER: Un testimonio personal 14
Plantando Nuestros Pies Firmemente........................21

Capítulo 2

Resistencia..27
Atrapados en una tormenta......................................27
Una promesa de Dios..30
Un viaje en bote: Un regalo de mi esposa.................31
Soportando el Sufrimiento.......................................34

Capítulo 3

Habilidad - El Poder habilitador de Dios.......41
No a mi manera, Si no que a su manera 41
Amor...53
Un héroe del pasado...54
Conclusión...63
Oración de Salvación..76

Acerca del Autor...78

Introducción

Muchas veces en la vida llegamos a tener momentos en los que nos sentimos cercados, encerrados entre cuatro paredes y sin salida. Recuerdo una vez estaba parado a la par de la orilla del mar mientras una gran tormenta se avecinaba. El silencio se interrumpía con el sonido de las olas chocando contra la orilla, una tras otra. Yo sabía que no era conveniente entrar a esa agua. Sin embargo, me encontraba ahí nadando, forcejeando mi camino hacia el mar con la esperanza de tan solo atrapar una de esas magnificas olas. Siempre se siente un aire de emoción al enfrentarse con este tipo de retos. Me pueden llamar bobo o tonto, si desean, pero siempre seré y he sido alguien que busca esa emoción, esa aventura!

Luego, existen en la vida esas tormentas que de repente aparecen sin uno esperarlas. Tú no te sientes enteramente preparado, muchas veces ni en lo más mínimo, sin embargo esas olas siguen chocando sin descanso contra ti. Tienen un tempo, un ritmo, que parece aumentar con cada ola que se aproxima. Solo logras levantar tu cabeza sobre el agua en el momento justo para recuperar tu aliento. Mientras intentas respirar toda vista hacia la orilla del mar que te daba seguridad desaparece. Una inevitable desesperación te inunda tan solo con pensar que estas a punto de ahogarte.

Salmo 89:9 (RVR 1960)
Tú tienes dominio sobre la braveza del mar; cuando se levantan sus ondas, tú las sosiegas.

En estos momentos es necesario levantar nuestras voces hacia Dios, clamar a él en el Nombre de Jesús y darle la gloria y el honor que él se merece. Fija tu mirada en el Señor, porque ahí está tu plan de escape. Enfócate en su gran poder y en su capacidad de liberarte de todas tus angustias. Las circunstancias de la vida pueden abrumarte a tal punto que no logras ver la salida a tu situación actual. Los sonidos estruendosos de las olas han desgastado tu esperanza. Pero la voz de Dios es más poderosa que cualquier otro sonido y puede sin duda ahogar esos sonidos diabólicos que solo indican derrota. ¡Dios sosiega la braveza del mar!

En este libro, me gustaría compartir contigo las cosas que me han dado esperanza aun en situaciones desesperanzadas. La palabra de Dios está viva y brinda las respuestas a esas tormentas diarias que intentan aferrarse a nuestras vidas. Dios puede vencer al enemigo en tu vida, aun si hay un mensajero del mismo diablo listo para zarandearte/sacudirte.

Lucas 22:31-32 (RVR 1960)

31 Dijo también el Señor: Simón, Simón, he aquí Satanás os ha pedido para zarandearos como a trigo;

32 más yo he rogado por ti, para que tu fe no falte; y tú, una vez vuelto, confirma a tus hermanos.

Jesús dijo, "Mas yo he rogado por ti." ¿Quién ha rogado y orado por ti? ¡Jesús! Esto me da gran consuelo y comodidad. Muchas veces muchas personas dicen que están orando por mí, y aunque sea verdad o no, ¡cuando Jesús dice que ora por mí eso si lo puedo comprobar! El clima tormentoso puede convertir la orilla del mar en una frontera difícil de alcanzar e indefinible. Esto es solo un intento para engañarte y alejarte del verdadero Dueño del viento. Dios habita en las alabanzas de su pueblo, y con el puedes superar cualquier tormenta.

Salmo 93:3-5 (RVR 1960)

3 Alzaron los ríos, oh Jehová, alzaron los ríos su sonido; alzaron los ríos sus ondas.

4 Jehová en las alturas es más poderoso que el estruendo de las muchas aguas, más que las recias ondas del mar.

5 Tus testimonios son muy firmes; la santidad conviene a tu casa, oh Jehová, por los siglos y para siempre.

► Capítulo 1 ◄

Estable

Los Vientos y Las Olas obedecen a Jesús

Oí a un predicador decir una vez que cuando entregamos nuestros corazones a Jesús, entonces todos nuestros problemas acaban. Permíteme preguntarte. ¿Cuándo las tormentas surgen en tu vida que es lo que parece sucederle a tu fe? ¿Tu fe es remplazada por miedo y condenación? ¿Talvez sientes que has hecho algo indebido o mal? Pero no todo problema que ocurre es porque hicimos algo mal.

Mateo 8:23-26 (RVR1960)

23 Y entrando él en la barca, sus discípulos le siguieron.

24 Y he aquí que se levantó en el mar una tempestad tan grande que las olas cubrían la barca; pero él dormía.

25 Y vinieron sus discípulos y le despertaron, diciendo: !Señor, sálvanos, que perecemos! 26 Él les dijo: ¿Por qué teméis, hombres de poca fe? Entonces, levantándose, reprendió a los vientos y al mar; y se hizo grande bonanza.

5

Marcos 4:40 (RVR1960)

40 Y les dijo: ¿Por qué estáis así amedrentados? ¿Cómo no tenéis fe?

Mateo 8:27 (RVR1960)

27 Y los hombres se maravillaron, diciendo: ¿Qué hombre es éste, que aun los vientos y el mar le obedecen?

Cuando Jesús se subió al bote, la Biblia dice que los discípulos le siguieron. Amigos, necesitamos seguirle, subirnos al bote con él, pero solo porque sigamos a Jesús no significa que ya no va a haber clima tormentoso. Siempre van a existir ocasiones en las que nos enfrentemos a nuestros problemas durante toda nuestra vida. Dios siempre sigue siendo quien controla los mares. Yo en lo personal prefiero enfrentar cualquier tormenta con Dios a mi lado que sin el en lo absoluto. Así que si eso significa que nos tenemos que meter al bote, ¡entonces metámonos al bote!

Mateo 8:24 (RVR1960)

24 Y he aquí que se levantó en el mar una tempestad tan grande que las olas cubrían la barca; pero él dormía.

No nos gusta hablar de ese "de repente", nos unimos

a Jesús y de repente… si nosotros pudiéramos evitarlo lo haríamos. ¿Cuál fue nuestro error? Lo único que hicimos fue subirnos al bote con Jesús.

¡Ahora de repente, se siente como si el mundo se acaba y todo lo que Jesús hace es dormir! Parece como si no le importara que estamos a punto de perecer. A Jesús no le preocupaba el viento ni las olas porque él ya sabía hacia donde se dirigía. Él ya sabía que la tormenta no lo detendría. De hecho, no le estaba afectando en lo más mínimo. El continúo durmiendo hasta que los discípulos lo despertaron desesperados.

Yo creo que él estaba intentando hacer que los discípulos vieran algo que de otra forma hubieran pasado de alto. No quiero sonar dogmático y decir que él estaba reprendiéndolos por su miedo y falta de fe. Es posible que él les estaba ensenando como responder o reaccionar de manera positiva a la situación, con confianza hacia el peligro que se aproximaba. Jesús nos da una ilustración vivida, y viviente, de cómo corregir este tipo de dilema en nuestras vidas. Debemos ser capaces de hablar una palabra inspirada por Dios, dirigida por Dios y que lleva consigo un golpe poderoso.

Marcos 4:39 (RVR1960)
39 Y levantándose, reprendió al viento, y dijo al mar: Calla, enmudece (amordazado)!. Y cesó (se hundió para descansar como si agotado por causa

de la paliza) el viento, y se hizo (inmediatamente) una gran bonanza (una perfecta serenidad y paz).

Marcos 4:41 (RVR1960)
41 Entonces temieron con gran temor, y se decían el uno al otro: ¿Quién es éste, que aun el viento y el mar le obedecen?

Mientras estudio esta escritura, una línea parece resaltar de la página hacia mí, "¿Quién es este?" Obviamente, es evidente que la palabra está haciendo referencia a Jesús. Lo que continua haciendo eco en mis oídos es la palabra, "¿Quién es este?" ¿Podría este ser tú? ¿Sera posible que el desee que tú le hables al viento y las olas igual como él lo hizo?

Cuando el miedo y la duda vienen, traen consigo todo tipo de condenación; El diablo siempre intentara mantenerte sintiendo como un fracaso para que no logres responder con la fe que se te ha sido entregada por Dios.

¿Recuerdan la historia acerca de los amigos de Job? Cuando los enviaron para alentar a Job, lo único que hicieron fue hablar palabras hirientes a su corazón. Varias acusaciones fueron repetidamente habladas en contra de el para lograr que maldijera a Dios y después muriera. El escape a su situación vino cuando Job comenzó adorando a Dios y no maldiciéndolo.

Como Superar La Tempestad

¿Tienes amigos como los de Job viviendo en tu vecindario, en tu comunidad? ¿Identificas frases como, "Bueno si no hubieras estando haciendo esto o lo otro, si tan solo hubieras obedecido la voz de Dios a la primera no hubieras sufrido toda está perdida"?

Los discípulos no habían hecho nada malo. Hasta ahora solo se habían subido al bote con Jesús. Ellos simplemente seguían al maestro del viento. El maestro tenía como meta ensenarles a superar el clima tormentoso. Nosotros podemos enfrentar la tormenta, la tempestad sabiendo que Dios está con nosotros en todo momento y en todo lugar. Ahora presten atención, si existen Cristianos que están haciendo varias cosas que no deberían estar haciendo y por eso reciben horrendas consecuencias y dificultades en sus vidas a causa de sus acciones. Pero Dios ha creado una escapatoria de estas consecuencias también. Todo comienza con una palabra, arrepentimiento. Hoy en día, nuestro país está tratando de ignorar o cambiar ese término. Arrepentimiento, o el hecho de arrepentirse simplemente significa "la retractación de acciones pasadas que son vistas como cosas que fueron mal hechas o indebidas" También se define como "cambiar de parecer e ir en otra dirección."

Doctrinas de demonios han sido situadas en ciertas de nuestras iglesias. Una buena doctrina, la tolerancia, ha sido corrompida y pervertida. Ahora se atreven a decir "Está bien hijo, Dios te perdona todos los pecados que haces habitualmente en tu vida". La verdad es que Dios si te perdona, pero hay un precio a pagar. El pecado te va a llevar más lejos, y te va a costar más de lo que quieras pagar, pero cuando llames a Dios puedes estar seguro que tu respuesta está en camino. El perdón está tan solo a la distancia de una oración de arrepentimiento.

1 Juan 1:9-10 (RVR1960)
9 Si confesamos nuestros pecados, él es fiel y justo para perdonar nuestros pecados, y limpiarnos de toda maldad.
10 Si decimos que no hemos pecado, le hacemos a él mentiroso, y su palabra no está en nosotros.

¡Cuando has sido limpiado por el poder perdonador de Dios, no hay sentimiento que se le iguale! Un enorme peso se cae de tus hombros y sientes que puedes alzar la vista una vez más, el perdón de Dios restaurara toda tu confianza. Entonces ahora cuando Dios te de algo que hacer no sentirás esa carga pesada de condenación y culpa.

Como capellán de prisiones he conocido muchas personas que a causa de su conducta pasada tienen poca confianza en la eficacia de sus oraciones. Quieren que yo ore por ellos porque están buscando resultados y respuestas y se sienten indignos de recibir lo que buscan con tan solo sus propias oraciones. Una vez se arrepienten de todo lo que hacen o hacían que los mantenía atados se convierten en tremendos guerreros de oración. Toda mi confianza está en la capacidad del poder de la palabra de Dios. Solamente en su gracia salvadora y en todo lo que él me ha dado es donde habita mi confianza. El pago el precio completo de mi pecado en la cruz. Y también pago el precio completo de tus pecados.

Mateo 8:25 (RVR1960)
25 Y vinieron sus discípulos y le despertaron, diciendo: !Señor, sálvanos, que perecemos!

Cuando las olas cubrían el bote los discípulos clamaban "¡Señor, sálvanos!" Dios puede ver claramente lo que está pasando en nuestras vidas, y si lo llamamos a él, él nos dará esa paz que deseamos y necesitamos. Con cada ola que se levanta en contra tuya, hay una fuerza aún más poderosa que Dios está listo y esperando activar a través de tu fe para ti.

Es necesario tener estabilidad en nuestras vidas. Necesitamos aprender a como calmar esas potentes tormentas en nuestras vidas, llevarlas a un estado de quietud total. ¿Alguna vez has visto a ese tipo de persona que cambia con todo lo que le sucede? Un minuto están arriba, y luego el siguiente minuto están abajo.

Ser estable significa estar firme, ser sensato, poco probable en ser destruido o desmoronado: firme en carácter y propósito; no susceptible al cambio.

Llegamos a ser más estables cuando estamos parados en nuestra posición ya comprada con la sangre de Jesucristo. Dios nos dice a nosotros y a ese tipo de persona, "Solo estén de pie, estén de pie y mantengan su carácter".

Efesios 6:13 (RVR1960)
13 Por tanto, tomad toda la armadura de Dios, para que podáis resistir en el día malo, y habiendo acabado todo, estar firmes.

Es importante aprender a plantar nuestros pies firmes en Cristo Jesús, convertirlo a él en nuestra fundación fuerte.

Cuando estas parado en el océano y las olas se estrellan contra ti, si intentas recibirlas de frente, sin duda te van a botar y revolcar a través del fondo del océano, como una muñeca de trapo. Pero si tomas una postura, aun entre las olas, lateral de costado hacia ellas, tienes más estabilidad en tu postura. Entonces puedes balancearte y mecerte de una pierna a la otra sin perder tu balance. Aprende a tomar tu postura en Cristo con cada pie plantado firmemente en su palabra.

Efesios 6:14-18 (RVR1960)

14 Estad, pues, firmes, ceñidos vuestros lomos con la verdad, y vestidos con la coraza de justicia,

15 y calzados los pies con el apresto del evangelio de la paz.

16 Sobre todo, tomad el escudo de la fe, con que podáis apagar todos los dardos de fuego el maligno.

17 Y tomad el yelmo de la salvación, y la espada del Espíritu, que es la palabra de Dios;

18 orando en todo tiempo con toda oración y súplica en el Espíritu, y velando en ello con toda perseverancia y súplica por todos los santos;

Cuando los mares de problemas vengan hacia ti, mantente firme y no te quebrantes. Sin importar las circunstancias, ni cómo se vean, párate firme y di, "Señor, soy tuyo y no me importa lo que el mundo diga. Me mantengo firme en lo que tú me has dado. Gracias por ayudarme a enfrentar este gigante en mi vida. Por siempre adorare tu nombre. Tú, O Dios, eres digno de toda alabanza, porque Tú eres el que reina los furiosos mares; cuando las olas crecen tú las calmas".

Dios te ayudara a reprender el viento y el mar. Te hago una pregunta más, ¿quién podría ser esa persona que hasta los vientos y los mares escuchan y obedecen? ¿Podría esa persona ser TÚ? ¿Sera que te habla a ti?

Conducido y Sacudido por el viento

Santiago 1:2-8 (RVR1960)

2 Hermanos míos, tened por sumo gozo cuando os halléis en diversas pruebas,

3 sabiendo que la prueba de vuestra fe produce paciencia.

4 Mas tenga la paciencia su obra completa, para que seáis perfectos y cabales, sin que os falte cosa alguna.

5 Y si alguno de vosotros tiene falta de sabiduría, pídala a Dios, el cual da a todos abundantemente y sin reproche, y le será dada.

6 Pero pida con fe, no dudando nada; porque el que duda es semejante a la onda del mar, que es arrastrada por el viento y echada de una parte a otra.

7 No piense, pues, quien tal haga, que recibirá cosa alguna del Señor.

8 El hombre de doble ánimo es inconstante en todos sus caminos.

JENNIFER: Un testimonio personal

Cuando nuestra hija Jennifer tenía dieciocho meses, ella estaba acostada una noche en el piso de nuestra sala. Me acerque a recogerla y empezó a gritar y llorar del dolor que sentía. Sus piernitas se empezaron a hinchar y con solo tocarla ella sentía un dolor agudo. Para cuando llegamos al hospital en Osage Beach, Missouri, ambas piernas se habían hinchado del tamaño de mis brazos. Los doctores en la sala de emergencia le hicieron muchos exámenes y análisis para determinar lo que causaba el problema.

No recibimos noticias de su condición hasta la mañana siguiente. No comprendían como algo así podría suceder pero al parecer, un insecto que solo se encuentra en el país de Indonesia la pico. Ellos dijeron que era una picada/mordida mortal sin ningún antídoto. Explicaban que la hinchazón se iba a esparcir a través de todo su cuerpo hasta llegar a sus pulmones donde entonces eventualmente se ahogaría y moriría. A principios de la semana tuvimos de visita en nuestra iglesia a un misionero de Indonesia. Nos imaginamos que tal insecto vino en la maleta del misionero hacia nuestro país.

Cuando entre a la habitación temprano esa mañana vi a mi esposa caminando de un lado al otro frenéticamente como un animal enjaulado. La mire mientras ella trataba desesperadamente de averiguar qué hacer. Ya habíamos perdido un hijo antes de su primer cumpleaños y solo el pensar en perder otro hijo era más de lo que podríamos llegar a soportar. Después de oír el mal reporte, simplemente me paralice, completamente mudo. Mi esposa me grito y dijo "Por el amor de Dios, ¿Wayne porque no haces algo?". Yo no tenía tiempo para pensar en lo que iba a hacer, pero estas palabras de Dios surgieron desde mi espíritu y dije, "Supongo que voy hacer algo cuando sea que tú hayas terminado".

Nosotros dos supimos en ese momento que Dios nos estaba hablando a nuestros corazones. Las olas de muerte se estaban estrellando contra nosotros y necesitábamos escuchar una palabra que brindara paz a esta situación tan fuera de control a la que nos estábamos enfrentando. El silencio que surgió después de lo que dije fue interrumpido con la poderosa palabra de Dios en su Biblia; justo como si él estaba pensando en nosotros cuando la escribió. Abrí mi biblia y comencé a leer en voz alta del libro de Santiago. En ese entonces era un recién nacido en las cosas de Cristo y no sabía ni siquiera donde buscar la respuesta que tanto necesitaba a mi problema. Así que simplemente abrí mi Biblia al libro de Santiago y comencé a leer.

Hay dos palabras diferentes que se utilizan en el griego para definir la palabra "palabra". Una de ellas es la palabra Logos que es la palabra que está escrita y definimos como escritura o palabra. La segunda es Rema que es la palabra respirada e inspirada por Dios, la Palabra hablada a nosotros ahora.

Santiago 1:2 (RVR1960) dice *2 Hermanos míos, tened por sumo gozo cuando os halléis en diversas pruebas,* ¿Cómo podría tener gozo cuando mi bebe se estaba muriendo? No, lo que Dios me decía era que lo podía contar todo como sumo gozo porque él es mi libertador y sanador. Él tiene el timón de mi barco, y me está dirigiendo a un refugio seguro. Ambos sabíamos que esta era una palabra rema de Dios, dicha en el momento correcto.

Mientras más leía la palabra de Dios sobre mi bebe, más podía sentir la Fe creciendo y creciendo en mi corazón. Mi fe estaba siendo puesta a prueba y por ende produciendo paciencia. La sabiduría venía a mí libremente y sin reproche, justo como la palabra dijo que lo haría.

Santiago 1:2-8 (RVR1960)

2 Hermanos míos, tened por sumo gozo cuando os halléis en diversas pruebas,

3 sabiendo que la prueba de vuestra fe produce paciencia.

4 Mas tenga la paciencia su obra completa, para que seáis perfectos y cabales, sin que os falte cosa alguna.

5 Y si alguno de vosotros tiene falta de sabiduría, pídala a Dios, el cual da a todos abundantemente y sin reproche, y le será dada.

6 Pero pida con fe, no dudando nada; porque el que duda es semejante a la onda del mar, que es arrastrada por el viento y echada de una parte a otra.

7 No piense, pues, quien tal haga, que recibirá cosa alguna del Señor.

8 El hombre de doble ánimo es inconstante en todos sus caminos.

Mientras leía su palabra en voz alta para que ambos mi esposa y yo la escucháramos, estábamos recibiendo un regalo de Dios llamado fe. Estábamos plantando nuestros pies en su palabra para tener estabilidad de nuevo y nuestro enfoque ya no era en la muerte siendo el resultado. ¡Ahora creíamos en la vida y en muchas bendiciones más de manera sobre abundante más allá de lo que pudiéramos pedir o imaginar!

Romanos 10:17 (RVR1960)

17 Así que la fe es por el oír, y el oír, por la palabra de Dios

Santiago escribe que necesitamos activar nuestra fe haciendo las cosas que la Palabra nos pide hacer:

Santiago 1:22 (RVR1960)

22 Pero sed hacedores de la palabra, y no

tan solamente oidores, engañándoos a vosotros mismos.

También dice en *Marcos 16* que los creyentes impondrán manos en los enfermos y ellos se sanaran. No solo se refiere a los predicadores, evangelistas y profetas. ¡No, ahí dice creyentes! eso significa que Yo estoy calificado para orar por los enfermos. Yo era un creyente así que active mi fe y coloque mis manos sobre Jennifer y hable la palabra de Dios sobre ella.

Marcos 16:17-18 (RVR1960)
17 Y estas señales seguirán a los que creen: En mi nombre echarán fuera demonios; hablarán nuevas lenguas;
18 tomarán en las manos serpientes, y si bebieren cosa mortífera, no les hará daño; sobre los enfermos pondrán sus manos, y sanarán.

También dice en su palabra que debemos ver y orar. En realidad deseo haber dejado mis ojos abiertos, porque después de cuando ore y abrí mis ojos, toda la hinchazón había desaparecido de ambas piernas. Lo único que quedaba como evidencia de que algo malo había sucedido fueron unos cuantos moretes y unos vasos pequeños que se habían roto a causa de la hinchazón.

1 Pedro 2:24 dice,

"…por sus llagas/heridas fuimos sanados."

Nosotros confesamos su palabra sobre ella, mi hija, y se sano. Llame al doctor y le dije que quería llevarme a mi hija a casa. Hasta ese entonces no le habían estado dando ningún tipo de medicamento. El empezó a discutir conmigo hasta que le dije que yo no tenía seguro médico. Era claro que toda la hinchazón se había desaparecido. El doctor nos permitió llevárnosla devuelta a casa si prometíamos regresar en caso que la hinchazón volviera a ocurrir.

Ellos me habían explicado que no podían hacer nada por ella, que no existía la cura, sin embargo querían que regresara. Yo sentí como si lo que deseaban era ayudarla a morir sin dolor y de la mejor manera posible.

Dos semanas después si la terminamos llevando de regreso al doctor para un chequeo. El doctor no podía entender cómo era posible que mi hija estuviera sana y bien. ¡Mi otra hija de cinco años, De'An, le explico a este doctor graduado y educado que Jesús fue quien la sano!

Mateo 21:16 (RVR1960)

16 y le dijeron: "¿Oyes lo que éstos dicen?" Y Jesús les dijo: "Sí; ¿nunca leísteis:

De la boca de los niños y de los que maman Perfeccionaste la alabanza?"

1 Corintios 1:27 (RVR1960)

27 sino que lo necio del mundo escogió Dios, para avergonzar a los sabios; y lo débil del mundo escogió Dios, para avergonzar a lo fuerte;

¡El doctor estaba tan impresionado que nunca nos cobró nada por ninguna de las visitas! El hospital fue una historia diferente, pero teníamos que aprender a confiar en Dios bajo esa tormenta también. Nuestra reacción y respuesta a esta tormenta en la vida real fue vital al resultado obtenido. Si no hubiéramos actuado en base a la palabra de Dios, estoy convencido que hubiéramos perdido a nuestra bebe.

Plantando Nuestros Pies Firmemente

Santiago 1:5-8 (RVR1960)

5 Y si alguno de vosotros tiene falta de sabiduría, pídala a Dios, el cual da a todos abundantemente y sin reproche, y le será dada.

6 Pero pida con fe, no dudando nada; porque el que duda es semejante a la onda del mar, que es arrastrada por el viento y echada de una parte a otra.

7 No piense, pues, quien tal haga, que recibirá cosa alguna del Señor.

8 El hombre de doble ánimo es inconstante en

todos sus caminos.

Aplicar la palabra de Dios a nuestras situaciones es una manera más de plantar nuestros pies firmemente en el único que nos puede dar estabilidad. Tomemos un vistazo a otra porción familiar de la escritura.

Salmos 107:23-26 (RVR1960)
23 Los que descienden al mar en naves,
Y hacen negocio en las muchas aguas,
24 Ellos han visto las obras de Jehová,
Y sus maravillas en las profundidades.
25 Porque habló, e hizo levantar un viento tempestuoso,
Que encrespa sus ondas.
26 Suben a los cielos, descienden a los abismos;
Sus almas se derriten con el mal.

Dios dijo que es el quien eleva el viento tempestuoso. Nosotros decimos, "¡Oh, Dios, el diablo me está atacando!" Dios dice, "Simplemente estoy subiendo un poco la temperatura, hijo mío." Con cada ola que viene, algo más que no necesita estar en tu vida va a ser limpiado.

"Pero Dios, ese es el diablo."

"¡No, no me llames diablo!" Dios no nos da ni trae enfermedad ni malestar a nosotros. Vamos, todos deberíamos de saber esto hoy en día que Dios jamás nos lastimaría o enfermaría a corto o largo plazo, pero si siempre existen ciertas pruebas y sufrimientos al cuerpo. A nadie le gusta el sufrimiento. Ahora cuando nos referimos a sufrir no nos referimos al sufrimiento que viene junto con las enfermedades; no tenemos por qué aguantar ni soportar eso. Existen juicios que se nos presentan, pruebas que aparecen en nuestras vidas, y tribulaciones que surgen, y eso es lo que él dice en el libro de Santiago.

Santiago 1:12-14 (RVR1960)

12 Bienaventurado el varón que soporta la tentación; porque cuando haya resistido la prueba, recibirá la corona de vida, que Dios ha prometido a los que le aman.

13 Cuando alguno es tentado, no diga que es tentado de parte de Dios; porque Dios no puede ser tentado por el mal, ni él tienta a nadie;

14 sino que cada uno es tentado, cuando de su propia concupiscencia es atraído y seducido.

Así que cuando vengan las pruebas, es porque estamos concentrándonos o deseando algo más que Dios. Ahí es cuando empezamos a encontrar problemas. Dios va a subir la temperatura. ¿Saben cuándo el oro ha sido refinado a la perfección?

Como Superar La Tempestad

Cuando puedes ver tu imagen o reflejo en la superficie del oro después de quitar toda la escoria, que se define como una Sustancia vítrea que flota en el crisol o en los hornos de fundir metales, que procede de las impurezas. Dios busca ver su imagen, no solo en la superficie, si no que hasta el centro de todo tu ser. Cuando el calor aumenta y la escoria o el sucio sube hasta la superficie, no se siente muy bien. ¿Alguna vez has tenido escoria y escombros subir hasta la cima? "Claro, ¡yo he tenido grandes pedazos subir y flotar a la cima!" Hay problemas que vienen a nuestro camino directamente del diablo. Sin embargo necesitamos aprender a discernir la diferencia entre Dios que nos envía periodos de prueba y las pruebas mismas que son del diablo.

Salmos 107:26-27 (RVR1960)

26 Suben a los cielos, descienden a los abismos;
Sus almas se derriten con el mal.
27 Tiemblan y titubean como ebrios,
Y toda su ciencia es inútil.

¿Que estará esperando el? El espera a que tú lo llames a él. Como cristianos, él nos ha dado todo el poder y autoridad en la tierra en su nombre; sin embargo sin él, no podemos hacer nada. El simplemente espera a que tú le clames a él.

Salmos 107:28-29 (RVR1960)

28 Entonces claman a Jehová en su angustia,
Y los libra de sus aflicciones.
29 Cambia la tempestad en sosiego,
Y se apaciguan sus ondas.

¿Hay actualmente tormentas en contra tuya? ¿En contra de tu iglesia? ¿En contra de tu pastor? Todos se preguntan, "¿Que está sucediendo?" No te preocupes porque Dios le está hablando a estas tempestades, a estas tormentas, y les dice "Tempestad, estate quieta". El té está guiando a ese lugar perfecto lleno de paz y seguridad.

Salmos 107:31-32 RVR1960)
31 Alaben la misericordia de Jehová,
Y sus maravillas para con los hijos de los hombres.
32 Exáltenlo en la congregación del pueblo,
Y en la reunión de ancianos lo alaben.

Clama en el nombre del señor y dale alabanzas a su nombre. Dale gracias en medio de la furiosa tempestad. ¡Él te hará estable!

► Capítulo 2 ◄

Resistencia

Atrapados en una tormenta

Hechos 27:9-10 (RVR1960)

9 Y habiendo pasado mucho tiempo, y siendo ya peligrosa la navegación, por haber pasado ya el ayuno, Pablo les amonestaba,

10 diciéndoles: Varones, veo que la navegación va a ser con perjuicio y mucha pérdida, no sólo del cargamento y de la nave, sino también de nuestras personas.

Dios le había revelado algo a Pablo y el empezó a orar. Las oraciones de Pablo fueron en llanto e intercesión y cambiaron el curso y las vidas de todos los otros hombres dentro de ese barco. Pablo tenía un destino divino y un propósito divino. Él sabía hacia dónde iba porque el señor le había hablado antes. También creo que él estaba bien preocupado por los otros hombres en ese barco. Orar por los demás es una manera de poner el amor de Dios en acción.

Hechos 27:11-14 (RVR1960)
11 Pero el centurión daba más crédito al piloto

y al patrón de la nave, que a lo que Pablo decía.

12 Y siendo incómodo el puerto para invernar, la mayoría acordó zarpar también de allí, por si pudiesen arribar a Fenice, puerto de Creta que mira al nordeste y sudeste, e invernar allí.

13 Y soplando una brisa del sur, pareciéndoles que ya tenían lo que deseaban, levaron anclas e iban costeando Creta.

14 Pero no mucho después dio contra la nave un viento huracanado llamado Euroclidón.

Otra manera de decir "no mucho después" puede ser "de repente" se dio contra la nave y contra ellos. Un viento huracanado se levantó. La biblia amplificada lo describe como un "viento violento [de carácter de tifón]". Yo me encontré una vez en medio de un tifón mientras servía en las fuerzas navales de Estados Unidos a mediados de 1970. ¡Estuvimos en ese tifón por tres días, y fueron más que suficiente! Se les advirtió lo que iba a suceder a través de Pablo, sin embargo no le hicieron caso. Iglesia, Dios también ha estado enviando advertencias una y otra vez, y seguimos ignorándolas y escondiendo nuestras cabezas en la arena. Ahora las olas del mar nos sacuden y estamos tentados a rendirnos y a perder cualquier esperanza de ser salvados. Nos colocamos en un enorme peligro al escoger seguir nuestra propia sabiduría en vez de la sabiduría de nuestro Dios.

Hechos 27:15-21 (RVR1960)

15 Y siendo arrebatada la nave, y no pudiendo poner proa al viento, nos abandonamos a él y nos dejamos llevar.

16 Y habiendo corrido a sotavento de una pequeña isla llamada Clauda, con dificultad pudimos recoger el esquife.

17 Y una vez subido a bordo, usaron de refuerzos para ceñir la nave; y teniendo temor de dar en la Sirte, arriaron las velas y quedaron a la deriva.

18 Pero siendo combatidos por una furiosa tempestad, al siguiente día empezaron a alijar,

19 y al tercer día con nuestras propias manos arrojamos los aparejos de la nave.

20 Y no apareciendo ni sol ni estrellas por muchos días, y acosados por una tempestad no pequeña, ya habíamos perdido toda esperanza de salvarnos.

21 Entonces Pablo, como hacía ya mucho que no comíamos, puesto en pie en medio de ellos, dijo: Habría sido por cierto conveniente, oh varones, haberme oído, y no zarpar de Creta tan sólo para recibir este perjuicio y pérdida.

Siempre he odiado escuchar la famosa frase "¡Te lo dije!" Bueno, pero ahora estamos en desesperada necesidad de su ayuda. Lo hemos intentado a nuestra manera, pero ahora es tiempo de hacerlo a SU manera.

Hechos 27:22-25 (RVR1960)

22 Pero ahora os exhorto a tener buen ánimo, pues no habrá ninguna pérdida de vida entre vosotros, sino solamente de la nave.

23 Porque esta noche ha estado conmigo el ángel del Dios de quien soy y a quien sirvo,

24 diciendo: Pablo, no temas; es necesario que comparezcas ante César; y he aquí, Dios te ha concedido todos los que navegan contigo.

25 Por tanto, oh varones, tened buen ánimo; porque yo confío en Dios que será así como se me ha dicho

Una promesa de Dios

Pablo le dio a los hombres del barco una palabra y una promesa de Dios. Esta fue una promesa dada a él porque fue el quien oro hasta conseguir la respuesta. Necesitamos más personas como Pablo que intercedan por las vidas de todos los hombres y mujeres del mundo. Necesitamos salir de nuestro escondite y hablar acerca de lo que Dios le quiere decir a la gente hoy en día. Aquí es donde vas a notar la persecución y el sufrimiento que surge cuando haces lo que debes hacer. El diablo va a querer callarte. ¡Nunca dejes que el diablo te calle, Nunca!

Hechos 27:30-31 (RVR1960)

30 Entonces los marineros procuraron huir de la nave, y echando el esquife al mar, aparentaban como que querían largar las anclas de proa.

31 Pero Pablo dijo al centurión y a los soldados: Si éstos no permanecen en la nave, vosotros no podéis salvaros.

No nos podemos escapar del drama que se avecina si abandonamos el barco. Toma tu puesto en Cristo Jesús y supera las olas que están intentando derrumbarte. Tienes que quedarte dentro del barco para poder estar a salvo, para poder ser rescatado. Yo he visto personas que intentan caminar lejos de las cosas de Dios diciendo, "Simplemente ya no quiero nada de esto." Lo que sucede después en sus vidas es que se vuelven vidas miserables. Necesitamos la estabilidad y resistencia de Dios de la cual Pablo está hablando. ¿Sabes cuantos días pasaron en medio de esa tormenta? Pasaron catorce días antes de poder ver la manifestación de la respuesta de Dios. Va a tomar mucha resistencia poder sobrevivir todas las grandes tormentas en tu vida; pero tienes que proponerte y mentalizarte que nunca te vas a rendir hasta ganar.

Un viaje en bote: Un regalo de mi esposa

Un año mi esposa me compro un viaje en bote para hacer pesca de mar profundo. Más de cien personas de nuestra iglesia tenían planeado ir en este viaje. Fue a principios del año y el clima era inestable, pero de todas formas fuimos. Esa mañana cuando empezamos a zarpar del muelle nos golpearon olas en crescendo de casi cuatro pies mientras seguíamos en el puerto. Para cuando salimos del puerto y hacia el mar abierto, nos estaban golpeando olas en crescendo de casi veinte pies. Cuando regrese del viaje, en son de broma le pregunte a mi esposa si me había aumentado el seguro de vida y si ella sabía algo que yo no.

Estábamos programados a estar en el mar por doce horas, pero se sintieron como semanas. Sin embargo todos estábamos determinados y dispuestos a pescar sin importar como estuviera el clima. Las olas nos empezaron a sacudir como si fuera de juguete nuestro bote. Uno de los pasajeros cruzo la cubierta alta tratando de encontrar refugio. El bote se levantó en una de esas grandes olas y él se agacho para tratar de no perder su balance. Después, el bote en medio de todas esas olas se hundió un poco y se movió de debajo de él; dejándolo en pleno vuelo en medio del aire. Cuando el bote se levantó otra vez, se movió al puesto de antes y ahora el hombre que estaba flotando ahora estaba en la cubierta de nuevo. El aterrizo en el borde del bote. ¡Si él hubiera caído un poco más a su derecha lo hubiéramos perdido en alta mar!

Por seguridad, la mayoría de nosotros nos movimos a la galera, que es la cocina del bote o barco. Un poco más de dos tercios de los pasajeros se estaban empezando a marear, incluyendo más de la mitad de la tripulación. No teníamos por qué haber estado en el mar en esas condiciones climáticas. La tormenta continúo por doce horas. ¿Se pueden imaginar cómo hubiera sido estar por catorce días, ahí afuera en la mar con Pablo? Todos estaban tirados sobre la cubierta quejándose y se sentía un terrible olor de los que estaban mareados y enfermos. Aunque no te sintieras enfermo o mareado, estar cerca ese horrible olor era suficiente para hacerte sentir mal.

Estuve tres años en las fuerzas navales y jamás me enferme o maree, pero las condiciones en ese viaje estaban perfectas para enfermarme por primera vez. La compañía con la cual habíamos alquilado este viaje en alta mar no tenía que haber puesto nuestras vidas en peligro de esa forma. Me imagino que no nos querían devolver nuestro dinero y por eso se atrevieron y arriesgaron nuestras vidas. Como este viaje era con mi iglesia todos estábamos más que equipados para orar contra la tempestad. Empezamos a agradecerle a nuestro señor por nuestro seguro retorno a la orilla. Si queríamos ser liberados del agarre amenazador de la tormenta, no nos podíamos distraer quejándonos.

Dios habita en las alabanzas de su pueblo y necesitábamos su presencia en ese bote de la manera más urgente posible. Dios que es rico en misericordia y gracia, nos trajo de regreso sanos y salvos y sin ninguna vida perdida. Cuando regresamos al puerto nos enteramos que un huracán se había reportado en esa área y había generado varios tornados que impactaron la costa.

Existen muchas personas sufriendo tormentas en

sus hogares, negocios e iglesias. Te sientes indefenso, sin esperanza y sacudido en todo momento. Hay una voz de Dios que te habla hoy y te quiere traer a ese lugar lleno de paz y esperanza que tanto necesitas. Dios consolara tu corazón; Dios nunca te dejara ni abandonara. Habla la palabra de Dios sobre tu tormenta y deja que Dios calme las olas por ti. Él está ahí, ahora, a tu lado.

¿Saben que es gracioso? Que ellos no escucharon a Pablo antes de la tormenta, pero ahora, de repente, eran todo oído. Pablo llego a tal punto en su oración que logro oír la voz de Dios. Recuerda, de ahí es de donde viene la fe. Y la voz que el escucho se alineo con la palabra de Dios y Pablo empezó a hablar por fe lo que había escuchado a Dios decir, "NO TENGAS MIEDO."

Me puedo imaginar sus reacciones y respuestas. "¿Qué quieres decir con, 'no tengas miedo?" Ellos estaban preocupados, al igual que tu estas preocupado ahora. "Hombre, hemos estado en esta tormenta por catorce días y hemos tirado todo sobre borda al mar; estamos a punto de no tener nada." Va a tomar mucha resistencia vencer la tempestad. La definición de resistencia es: el hecho, calidad, o el poder de soportar las dificultades, estrés y sufrimiento, o el estado o hecho de perseverar; continuo, la supervivencia.

Soportando el Sufrimiento

Hechos 27:33-36 (RVR1960)
33 Cuando comenzó a amanecer, Pablo

---

exhortaba a todos que comiesen, diciendo: Este es el decimocuarto día que veláis y permanecéis en ayunas, sin comer nada.

34 Por tanto, os ruego que comáis por vuestra salud; pues ni aun un cabello de la cabeza de ninguno de vosotros perecerá.

35 Y habiendo dicho esto, tomó el pan y dio gracias a Dios en presencia de todos, y partiéndolo, comenzó a comer.

36 Entonces todos, teniendo ya mejor ánimo, comieron también.

Hasta este punto habían estado bajo constante presión y necesitando una respuesta de Dios. Ahora, Pablo los alentó a comer y prepararse a ver las promesas de Dios cumplirse. Compartieron pan y le dieron gracias a Dios. Esta es una clave importante al éxito para superar cualquier tormenta.

Necesitamos aprender a alabar a Dios aun cuando estamos en medio del problema. Talvez sea necesario recordar todas las veces en que Dios ya te ha librado de muchas otras tormentas. Toda tu recompensa está a tu alcance, ¡así que no te rindas ahora!

Hebreos 10:32 (RVR1960)

32 Pero traed a la memoria los días pasados, en los cuales, después de haber sido iluminados, sostuvisteis gran combate de padecimientos;

¿Recuerdas cuando David le dijo al rey que él era capaz de vencer al león y el oso? Ahora, él iba a hacer lo mismo con el filisteo incircunciso de Goliat (significa que Goliat no tenía la marca que demostraba que él tenía un pacto con Dios). Podemos encontrar esto en 1 de Samuel 17:36. Al igual que David, anímate a ti mismo recuerda esas veces en el pasado donde Dios te ha traído y sobrellevado a través de esas grandes tormentas. Esto te traerá confianza para resistir y recibir las promesas de Dios. Dios es fiel y siempre es puntual.

Hebreos 10:35-36 (RVR1960)

35 No perdáis, pues, vuestra confianza, que tiene grande galardón;

36 porque os es necesaria la paciencia, para que habiendo hecho la voluntad de Dios, obtengáis la promesa.

Los discípulos estaban en el bote en *Marcos 6:45-52* y los mares estaban en contra de ellos. Remaban con gran dificultad, intentando llegar a su destino. Este pasaje bíblico explica como remaban con inmensa dificultad y fuerza.

Marcos 6:47-48(RVR1960)

47 y al venir la noche, la barca estaba en medio del mar, y él solo en tierra.

48 Y viéndoles remar con gran fatiga, porque el

viento les era contrario, cerca de la cuarta vigilia de la noche vino a ellos andando sobre el mar, y quería adelantárseles.

Entonces Jesús sube al bote. Hasta dice que él les podía haber pasado e ignorado. ¡De no ser que lo llamaron a él, probablemente seguirían remando hasta el amanecer!

Marcos 6:49-50 (RVR1960)
49 Viéndole ellos andar sobre el mar, pensaron que era un fantasma, y gritaron;
50 porque todos le veían, y se turbaron. Pero en seguida habló con ellos, y les dijo: !Tened ánimo; yo soy, no temáis!

Imagínate esto, estas en medio de una gran tormenta en tu vida. Te sientes exhausto de todo el trabajo que has hecho para tratar de sobrevivir el gran desorden en tu vida. Aquí es donde necesitas que Jesús intervenga en tu vida. No es momento de rendirte. El enemigo simplemente está tratando de engañarte, de colocar una nube de humo enfrente de ti y distraerte. Clama a Jesús y el estará ahí para traerte de regreso a la orilla y a salvo. ¡No permitas que Jesús solo pase al lado de tu bote sin que tú lo llames! Él es el UNICO que te puede rescatar. E visto presos en cárceles que estaban cerca de ser liberados en libertad condicional y justo antes de salir algo sucedía que los alteraba. ¡Muchas veces esto causaba que reaccionaran inapropiadamente y Boom! Se metían en problemas y arruinaban su libertad y lo que ya tenían a su alcance. Necesitamos mantenernos enfocados y dejar de ver únicamente los problemas. Nos podría costar la victoria que ya nos pertenece.

Mateo 14:26-32 (RVR1960)

26 Y los discípulos, viéndole andar sobre el mar, se turbaron, diciendo: !!Un fantasma! Y dieron voces de miedo.

27 Pero en seguida Jesús les habló, diciendo: !!Tened ánimo; yo soy, no temáis!

28 Entonces le respondió Pedro, y dijo: Señor, si eres tú, manda que yo vaya a ti sobre las aguas.

29 Y él dijo: Ven. Y descendiendo Pedro de la barca, andaba sobre las aguas para ir a Jesús.

30 Pero al ver el fuerte viento, tuvo miedo; y comenzando a hundirse, dio voces, diciendo: !Señor, sálvame!

31 Al momento Jesús, extendiendo la mano, asió de él, y le dijo: !Hombre de poca fe! ¿Por qué dudaste?

32 Y cuando ellos subieron en la barca, se calmó el viento.

¿Alguna vez te has encontrado en medio de aguas revueltas? Yo experimente unas aguas revueltas en un viaje misionero a Honduras. Por mucho tiempo me encontré en medio de una corriente fuerte, tratando de escapar las aguas revueltas y regresar a la orilla del mar. A punto de llegar al nivel de agotamiento total un miembro de nuestro ministerio vio mi situación. Él se paró con sus pies plantados firmemente en el fondo del océano y se estiro para poderme alcanzar. Yo tome su mano y el me jalo hasta cuando yo por fin pude plantar mis pies firmemente en el fondo del océano. Lo soporte y ahora estaba a salvo.

Hechos 27:35-36 (RVR1960)

35 Y habiendo dicho esto, tomó el pan y dio gracias a Dios en presencia de todos, y partiéndolo, comenzó a comer.

36 Entonces todos, teniendo ya mejor ánimo, comieron también.

Durante la tormenta en el bote Pablo dio gracias y comió. El señor te está invitando a tener comunión con él, a comer pan con él. Ese hombre alabaría a Dios por sus grandezas siempre. Cuando sientes ganas de decir "cuál es el punto, para que intentar" o "No estoy logrando nada, mejor me rindo". Hay una cosa que necesitas saber; estas muy cerca de tu premio, de tu Victoria. Estas justo en el lugar donde Dios llega y tu milagro se realiza. Una vez en uno de nuestros servicios, en una de las prisiones de máxima seguridad en McAlester, Oklahoma. Era una de esas reuniones maravillosas donde sentías que podías extender tu mano y tocar a Dios. Habían muchos hombres que se encontraban en esos momentos, los más desesperantes de su vida.

Una gran risa irrumpió en todo el auditórium. Uno de los reos se rio tan fuerte que se calló de su silla hacia el piso. Uno de sus amigos se me acerco después del servicio y me agradeció por la reunión. Me dijo que su amigo se encontraba muy mal y enserio necesitaba poder reírse así. Mire al hombre parado al lado de la puerta. Así que me le acerque para poder hablar con él. El me pregunto si tenía alguna palabra de Dios para él. Le conteste que no le podía dar una palabra de Dios hasta que Dios me diera palabra para dar. No me iba a inventar una.

Sin embargo, mientras yo le explicaba eso ¡Dios si me dio una palabra para el! Le dije que él iba a salir antes de lo que él esperaba; "¿Qué significa eso?" me pregunto. "¿Bueno cuando crees que te dejaran libre?"

"En seis meses" me contesto. "Bueno," le respondí, "vas a salir antes de esa fecha."

Justo antes de recibir lo que Dios te ha prometido, parece que todo se vuelve más difícil y complicado. Le pregunte qué tan mal estaba su situación y me dijo ¡muy mal! Le dije que eso significaba que estaba muy cerca; ¡Lo sacaron tres meses antes de la fecha establecida! ¡Alleluia!

Mantente enfocado en el señor. No mires al viento ni a las olas. No te entretengas solo hablando de tus problemas, háblale a la montaña y se moverá. ¡Aférrate a las promesas de Dios, porque ya has sido habilitado con la capacidad de resistir!

► Capítulo 3 ◄

Habilidad
El Poder habilitador de Dios
No a mi manera, Si no que a su manera

Es necesario aprender a dejar de hacer las cosas bajo nuestra propia habilidad y empezar a hacerlas bajo la habilidad de Dios. Solo así vamos a poder sentir la victoria aun en medio de la batalla. Somos incapaces de permanecer estables en medio de cualquier tormenta o de resistir las situaciones adversas sin estar posicionados en Cristo Jesús. Hay una posición en la cual nos tenemos que visualizar parados, siempre con Jesús. Como te vez a ti mismo puede cambiar el resultado de cualquier situación. Esta no es una posición en la que tú mismo te colocas. Es una en la que Jesús te coloca, pero siempre sigue siendo tu decisión si la tomas o no. ¡Gloria a Dios por su gracia!

1 Timoteo 1:12-14 (RVR1960)

12 Doy gracias al que me fortaleció, a Cristo Jesús nuestro Señor, porque me tuvo por fiel, poniéndome en el ministerio,

13 habiendo yo sido antes blasfemo, perseguidor e injuriador; mas fui recibido a misericordia

41

porque lo hice por ignorancia, en incredulidad.

14 Pero la gracia de nuestro Señor fue más abundante con la fe y el amor que es en Cristo Jesús.

Esta palabra habilitado tiene algo que tenemos que observar para poder visualizar nuestro puesto y posición mejor. HABILĪTADO: Dar poder legal. Se proporciona con suficiente poder, físico, moral o legal. Miremos la misma escritura de manera amplificada.

1 Timoteo 1:12-14 AMP

12 Le doy gracias al que me ha dado la fuerza [necesitada] y me ha hecho capaz [para esto], Cristo Jesús nuestro señor, porque él me ha juzgado y me ha contado como fiel y confiable, asignándome [la administración de] el ministerio.

13 Aunque antes blasfemado y perseguido y desvergonzadamente y agresivamente insultado [a el], sin embargo, yo conseguí misericordia porque yo había actuado con ignorancia y falta de fe.

14 Y la gracia (favor y bendición inmerecida) de nuestro señor [de hecho] surgió y fluyo sobreabundantemente y más haya de medida hacia mí, acompañado con fe y amor que han de [ser realizados] en Cristo Jesús.

Repite esto conmigo, "Gracias Dios porque me has

habilitado (concedido la fuerza y me has hecho capaz) y me has contado como fiel."

Dios me ha habilitado, que bien. ¿Y eso que significa? El no solo te dará el poder que necesitas, sino que también la autoridad necesaria para acompañar tal poder. Él es la fuente de todo poder, fuerza, sabiduría y habilidad para hacer lo que necesitas que sea hecho en esa hora de crisis.

El significado de gracia: la manera más simple de definir una palabra tan complicada es esta: Favor inmerecido de Dios. No lo merecemos ni podríamos ganarlo. Del amor del padre él nos dio perdón cuando lo que nos tenía que haber dado era juzgamiento y juicio. ¡También significa que tenemos el poder habilitador de Dios! Como mencione antes, él ya nos ha dado poder legal. Dios nos ha dado el derecho legal de hablarle a la tormenta. Hay otra palabra con el mismo significado de "habilitar" que es capacitar. Capacidad es poder activo, o poder para realizar; contrario a habilitar, que se enfoca más en el poder de recibir y/o entregar.

1 Timoteo 1:14 AMP

14 Y la gracia (favor y bendición inmerecida) de nuestro señor [de hecho] surgió y fluyo sobreabundantemente y más haya de medida hacia mí, acompañado con fe y amor que han de [ser realizados] en Cristo Jesús.

Necesitamos captar la imagen entera de su gracia

(favor y bendición inmerecida) desbordando a tal grado que es de manera sobreabundante y más allá de lo usual.

Bueno si su gracia es favor inmerecido, necesitamos por un momento analizar lo que significa favor. ¿Cómo hayas favor con Dios? Varios hombres me han pedido que ore por ellos antes de ir a la cita que tengan con el juez o en la corte. Me piden que ore para que encuentren favor delante del juez. Siempre les conteste que si podíamos orar en base a las escrituras, la palabra de Dios, entonces si podía orar por ellos.

Proverbios 3:3-4 (AMP)

3 Nunca se aparten de ti la misericordia, bondad [acto de echar fuera todo odio y egoísmo] y la verdad [acto de echar fuera toda hipocresía y falsedad];

Átalas a tu cuello,

Escríbelas en la tabla de tu corazón;

4 Y hallarás gracia y buena opinión y buena estima

Ante los ojos [ante el juicio] de Dios y de los hombres.

Caminar con misericordia para con los demás y caminar siempre en la verdad es el camino para poder encontrar favor con Dios y hombre. Esto es lo que el viejo testamento nos dice, así que echemos un vistazo a lo que nos dice.

Colosenses 3:8-10 (AMP)

8 Pero ahora dejad también vosotros todas estas cosas: ira, enojo, malicia, blasfemia, palabras deshonestas de vuestra boca.

9 No mintáis los unos a los otros, habiéndoos despojado del viejo hombre con sus hechos,

10 y revestido del nuevo, el cual conforme a la imagen del que lo creó se va renovando hasta el conocimiento pleno,

¿Caminas en bondad y misericordia? ¿Caminas en el camino de la verdad? Si no lo estas, entonces no puedes esperar encontrar favor con Dios, aun menos encontrar favor con el hombre, o en este caso ese preso que estaba buscando favor, de Dios, para y a través del juez. Jesús es nuestro ejemplo aquí en la tierra. El vino como hombre para enseñarnos a cómo superar cualquier tempestad en nuestra vida por el poder del espíritu santo y la revelación que viene hablando la palabra de Dios a través precisamente del poder del espíritu santo.

Lucas 2:52 (RVR1960)

52 Y Jesús crecía en sabiduría y en estatura, y en gracia para con Dios y los hombres.

En el favor que tienes con Dios existe un aumento que puede resurgir gracias a ese favor encontrado. Toma la decisión de caminar en los caminos del señor y mira lo que sucederá.

Salmos 30:4-5(RVR1960)
4 Cantad a Jehová, vosotros sus santos,
Y celebrad la memoria de su santidad.
5 Porque un momento será su ira,
Pero su favor dura toda la vida.
Por la noche durará el lloro,
Y a la mañana vendrá la alegría.

Guau, su favor dura toda una vida. Estas son buenas noticias para ti y para mí. A mí me gusta caminar bajo el favor de Dios. Nosotros viajamos alrededor del mundo y hemos visto el favor de Dios en primer plano. Cuando estas caminando en su favor vas a ver como él hace cosas por ti y para tu propio bien. ¡Hemos orado por los agentes de aduana en otros países para que reciban a Jesús como su señor y salvador y ahora encontramos gran favor cuando pasamos por las aduanas! Tengo fotos de cuatro agentes acostados en el piso quebrantados y llorando ante la forma personal en que Dios los toco y cambio con su poder mientras nosotros orábamos por ellos.

Nosotros fuimos a Honduras justo después de que el huracán Mitch impacto la nación en 1998. Aunque acabábamos de regresar de ahí mismo, un hombre nos entregó un equivalente de casi más de $500,000 en medicamentos para vacunar las víctimas de la tormenta. El hombre que nos lo entrego nos explicó que nos entregó esa cantidad de medicamentos porque no confiaba en enviarlo sin un escolta que se asegurara llegara a Honduras. A veces las cosas parecen desaparecer, y el no quería correr ese riesgo.

Conocimos a un doctor que también estaba viajando con otro grupo misionero y él era hermano de un amigo mío. Le conté que yo tenía los papeles indicados para que entraran sus medicinas sin problema al país. Ya teníamos favor con el jefe de la aduana porque en el viaje anterior lo habíamos ayudado a aceptar al señor. También teníamos un bus listo y como solo cinco de nosotros viajamos la segunda vez teníamos espacio para llevar al otro grupo adonde quisieran. Él se notaba emocionado y contento de recibir nuestra ayuda así que le fue a preguntar a su líder, pero la respuesta de tal me sorprendió mucho, el respondió que no necesitaban nuestra ayuda.

El doctor le dijo que talvez era mejor que reconsiderara, pero el líder seguía insistiendo que no necesitaban nuestra ayuda. Decía que "ellos ya tenían todo arreglado, así que gracias, pero no gracias". Cuando llegamos al aeropuerto, nos recibió el jefe de la aduana, quien es nuestro amigo. "! ¡Amigos!" lo grito tan fuerte que pudimos oírlo al otro lado del aeropuerto. Se colocó su arma automática sobre su hombro y nos ayudó con nuestras cosas, llevándonos rápidamente a través del aeropuerto hasta el bus que nos estaba esperando enfrente.

Justo antes de salir de la aduana, le volví a preguntar

al líder del grupo si estaba seguro que no necesitaba nuestra ayuda. El seguía estando raro y diferente por alguna razón así que nos fuimos. Cuando regresamos a Tulsa, Oklahoma nos enteramos que ese mismo líder del otro grupo misionero había estado casi nueve horas en la aduana a causa de la medicina que traía su equipo. El bus que tenía que recogerlos se cansó de esperar y se fue. El busero necesitaba irse a recoger a alguien más. ¡Este líder del grupo que "no necesitaba nuestra ayuda" les dijo a todos que yo lo abandone en el aeropuerto!

Si caminas en la verdad y la misericordia, entonces vas a tener favor con Dios y hombre. Ese líder podría haber tenido el mismo favor que nosotros tuvimos, porque Dios no hace acepción de personas. Dios no ama a nadie más o menos que a alguien más. Simplemente estábamos caminando bajo su favor. Él también tenía ese mismo favor, pero como no estaba dispuesto a ser humilde y dejar que le ayudáramos el perdió la paz y serenidad con la cual Dios lo podía haber guiado a través de la aduana.

Antes de ir en cualquier viaje a hacer lo que el señor nos indica siempre nos estamos evaluando para ver si hay algo que pueda afectar el viaje. Algo como falta de perdón o resentimiento puede impedir que recibas los beneficios del favor de Dios que funciona a tu favor.

Repite esto conmigo: "Yo tengo favor con Dios y hombre, porque yo escogí caminar en el camino de la verdad y misericordia. Me gusta el favor, yo tengo favor y el favor me pertenece. Dios me lo ha dado, me ha habilitado, considerado fiel, y me ha puesto en su ministerio. Su gracia (favor inmerecido, bendición y habilidad) desborda de mi a tal grado que es superabundantemente más allá de lo usual, ¡Amen!"

1 Timoteo 1:14 AMP
14 Y la gracia (favor y bendición inmerecida) de nuestro señor [de hecho] surgió y fluyo sobreabundantemente y más haya de medida hacia mí, acompañado con fe y amor que han de [ser realizados] en Cristo Jesús.

Como el escritor aquí en Timoteo dice, esta gracia esta acompañada por dos poderosas palabras, fe y amor que tienen [que ser realizadas] en Cristo Jesús. La Fe significa que tenemos dependencia total en Dios. Cuando Adán peco él fue separado de Dios y ahora estaba haciendo las cosas a su manera, volviéndose independiente de él; Su actitud solo puede terminar en derrota. Tarde o temprano nos daremos cuenta de los errores cometidos cuando operamos a nuestra manera. Hasta entonces, la duda y la incredulidad nos marcara y nos podemos tambalear con cada ola que venga, barriéndonos y derrumbándonos.

Más bien, dependemos en la habilidad de Dios para movernos fuera de nuestra propia inhabilidad y hacia el campo de fe, confiando totalmente en alguien más grande que nosotros mismos. Tan solo una palabra de Dios produce fe. Una vez que conocemos nuestra posición, en la cual Dios nos ha colocado, podemos empezar a tomar nuestra postura en Cristo Jesús y movernos a hablarle a la tempestad. Pero, primero, necesitamos ser parte del cuerpo/pueblo de Cristo. Puedes intentar hacer muchas de las cosas que la Biblia dice que hagas, pero si no eres hijo de Dios esas cosas no te van a funcionar.

Efesios 2:8-10 (RVR1960)

8 Porque por gracia sois salvos por medio de la fe; y esto no de vosotros, pues es don de Dios;

9 no por obras, para que nadie se gloríe.

10 Porque somos hechura suya, creados en Cristo Jesús para buenas obras, las cuales Dios preparó de antemano para que anduviésemos en ellas.

¿De donde viene la fe?

Romanos 10:17 (RVR1960)

17 Así que la fe es por el oír, y el oír, por la palabra de Dios.

Cuando sabes que Dios te ha hablado, y dado palabra, ya no importa más el reporte del clima o de la tormenta. Te has movido de una posición ha otra. Ahora necesitas salir adelante en obediencia a Dios y la palabra que te dio. Obedecer la palabra de Dios activa la fe que Dios te dio en esa misma palabra. Tienes que hacer algo con esta palabra que has escuchado. Tienes que actuar/accionar en ella.

Santiago 2:17 (RVR1960)
17 Así también la fe, si no tiene obras, es muerta en sí misma.

Dios nos ha equipado con poder y autoridad legal para realizar su palabra en la tierra. Primero, recibes fe de una palabra que Dios te dio, después la tienes que activar, poner en acción, o solo se vuelve una palabra muerta. ¿Has escuchado a ese tipo de persona que siempre te está diciendo lo que va a hacer pero nunca lo hace? Sientes ganas de decirle que deje de hablar y solo lo haga. Ya tienes la habilidad de hacerlo AHORA. Toma tu puesto en Cristo, aléjate de tus inhabilidades y cruza hacia la habilidad de Dios. Alguien te puede preguntar, "¿Y tu quien te crees, Dios?"

"No, pero soy uno de sus representantes en la tierra." Hemos sido autorizados a actuar como un delegado oficial o agente de Cristo. Hemos sido creados en su imagen y deberíamos reflejar su gloria en la tierra.

1 Timoteo 1:12 (RVR1960)
12 Doy gracias al que me fortaleció, a Cristo Jesús nuestro Señor, porque me tuvo por fiel, poniéndome en el ministerio,

La palabra que Pablo recibió del ángel del señor

esa noche, en *Hechos capítulo 27,* dio fe a aquellos que oyeron su reporte. El hablo verdad y brindo alivio a los hombres en ese barco porque el hablo las palabras que representaban el amor del padre.

La segunda palabra importante que Pablo uso en *1 Timoteo1:14* fue amor. Como dice en el libro de *1 Juan,* Dios es amor.

1 Juan 4:16 (RVR1960)

16 Y nosotros hemos conocido y creído el amor que Dios tiene para con nosotros. Dios es amor; y el que permanece en amor, permanece en Dios, y Dios en él.

Dios hace mucho más que solo amarnos, él es amor. Es su naturaleza amarnos y él nos da esa naturaleza, para que podamos vivir con él y en él. Dios ama a esos que son creyentes de su hijo con un amor especial. ¡Pero Dios también ama al mundo entero con ese mismo amor especial!

Juan 3:16-17 (RVR1960)

16 Porque de tal manera amó Dios al mundo, que ha dado a su Hijo unigénito, para que todo aquel que en él cree, no se pierda, más tenga vida eterna.

17 Porque no envió Dios a su Hijo al mundo para condenar al mundo, sino para que el mundo sea salvo por él.

AMOR

Existen dos palabras griegas distintas para definir Amor en la Biblia. La palabra filio/filial significa tener sentimientos y afección ardiente, un tipo de amor impulsivo. La otra palabra ágape, significa tener respeto o alto estima de alguien o algo. Miremos el amor agape por un momento.

• El amor Ágape indica la naturaleza del amor de Dios hacia su hijo amado *(Juan 17:26)*, hacia la raza humana en general *(Juan 3:16; Rom 5:8)*, y hacia aquellos que creen en el señor Jesucristo *(Juan 14:21)*.

• El amor Ágape transmite la voluntad de Dios a sus hijos en cuanto a cómo debe ser su actitud hacia cada uno de sus hermanos. El amarse los unos a los otros era prueba autentica al mundo de un verdadero discipulado. *(Juan 13:34-35)*.

• El amor Ágape también expresa la naturaleza esencial de Dios *(1 Juan 4:8)*. El amor de Dios solo puede ser conocido por las acciones que genera, y esto se ve en el regalo de Dios a nosotros, su hijo *(1 John 4:9-10)*.

El amor de Dios no es igual al de nosotros; es incondicional. Nuestro amor si impone condiciones. "Has esto y después te amare." Si sentimos una buena sensación acerca de alguien, entonces si los podemos amar. El amor Ágape de Dios no es una emoción. Si aprendiéramos a como caminar en ese tipo de amor, el amor de Dios, que es escogido y no basado en sentimiento o emoción, entonces podríamos ver con más claridad como Dios nos ve.

No merecemos la gracia (favor inmerecido) de Dios sin embargo él nos la ha dado sin medida. Él nos habilito con su poder y autoridad legal para representarlo a él en esta tierra. También nos dio su palabra que genera fe, y cuando uno actúa en esa palabra que genera fe, Dios nos trae la victoria en contra de nuestras tormentas. Nosotros sabemos esto porque él nos ama, esa es su naturaleza. Una vez tengamos la revelación de cuán grande y maravilloso es su amor, eso nos traerá la confianza necesaria para enfrentar cualquier tormenta que cruce nuestro camino. Tenemos posesión total a una habilidad estable y durable que nos sostendrá ante cualquier tempestad.

Un héroe del pasado

Echemos un vistazo a uno de los héroes del pasado, Moisés. El empezó queriendo ayudar a unos israelitas a defenderse en contra de sus opresores. En su propio intento en traer y dar justicia, causó la muerte de un egipcio. Después, mientras intentaba resolver una disputa entre dos de sus hermanos hebreos ellos le preguntaron si también los iba a matar, como lo había hecho con ese egipcio (Éxodos 2:11-14.) Por temor a que el faraón se enterara, Moisés fugo, y termino en lo que es descrito en la versión de la biblia Kings James como la parte trasera del desierto, y se escondió ahí por un largo tiempo. Fue un buen lugar para él. En el fondo del desierto, como pastor, el recibió instrucciones y experiencia en cómo ser un pastor del pueblo de Dios. Cuando Dios le dijo a Moisés que fuera a hablar con el faraón, él no tenía ni la más mínima confianza en sí mismo. Él tenía que aprender a como ser y estar estable y firme en su carácter, su propósito tenía que ser incambiable aún bajo la intensidad de cualquier asignación o posición en la cual Dios lo colocara.

Éxodo 3:11-14 (RVR1960)

11 Entonces Moisés respondió a Dios: ¿Quién soy yo para que vaya a Faraón, y saque de Egipto a los hijos de Israel?

12 Y él respondió: Ve, porque yo estaré contigo; y esto te será por señal de que yo te he enviado: cuando hayas sacado de Egipto al pueblo, serviréis a Dios sobre este monte.

13 Dijo Moisés a Dios: He aquí que llego yo a los hijos de Israel, y les digo: El Dios de vuestros padres me ha enviado a vosotros. Si ellos me preguntaren: ¿Cuál es su nombre?, ¿qué les responderé?

14 Y respondió Dios a Moisés: YO SOY EL QUE SOY. Y dijo: Así dirás a los hijos de Israel: YO SOY me envió a vosotros.

Moisés seguía estando incomodo con todo este escenario y buscaba una manera de escapar y evadir tal situación.

Éxodo 4:1 (RVR1960)

4 Entonces Moisés respondió diciendo: He aquí que ellos no me creerán, ni oirán mi voz; porque dirán: No te ha aparecido Jehová.

Éxodo 4:13 (RVR1960)

13 Y él dijo: ¡Ay, Señor! envía, te ruego, por medio del que debes enviar.

Cuando Dios nos llama a hacer algo como esto para él, tenemos que llegar a un lugar donde nos podemos vaciar de nuestros deseos carnales de querer hacer las cosas a nuestra manera, y superar cualquier miedo de ser inadecuados para la tarea asignada.

Habiendo hecho esto, es necesario tener confianza, en la palabra de Dios, de que podemos superar las tormentas que se avecinan. Aquí es donde se requiere de una habilidad estable y duradera para poder esperar en el tiempo indicado de Dios. Moisés había aprendido a como volverse estable en Dios. La resistencia es otro punto importante que él tenía que aprender. Es muy fácil rendirnos justo antes de ver los resultados de eso por lo que hemos estado creyendo en fe. Cuando hablas de parte de Dios, tienes que saber esto, va a ser hecho en su tiempo no en el tuyo.

Éxodo 5:22-23 (RVR1960)

22 Entonces Moisés se volvió a Jehová, y dijo: Señor, ¿por qué afliges a este pueblo? ¿Para qué me enviaste?

23 Porque desde que yo vine a Faraón para hablarle en tu nombre, ha afligido a este pueblo; y tú no has librado a tu pueblo.

Todas las plagas estaban dirigidas a los que estaban fuera de la casa de Dios. Su pueblo iba a estar protegido de la maldición y la plaga, pero cuando estas en medio de la tormenta puede parecer que está dirigida directamente hacia ti.

Dios envió una palabra para informarle al pueblo que él estaba trabajando las cosas para su bien. Sin embargo por todas las presiones adicionales puestas en ellos por los egipcios, ellos no lograban ver como Dios los iba a rescatar de ese cruel cautiverio. El mensaje de Dios fue enviado para alentarlos a seguirle a él, a Moisés a través de la tormenta que pronto iba a caer sobre Egipto.

Éxodo 6:5-9 (RVR1960)

5 Asimismo yo he oído el gemido de los hijos de Israel, a quienes hacen servir los egipcios, y me he acordado de mi pacto.

6 Por tanto, dirás a los hijos de Israel: Yo soy JEHOVÁ; y yo os sacaré de debajo de las tareas pesadas de Egipto, y os libraré de su servidumbre, y os redimiré con brazo extendido, y con juicios grandes;

7 y os tomaré por mi pueblo y seré vuestro

Dios; y vosotros sabréis que yo soy Jehová vuestro Dios, que os sacó de debajo de las tareas pesadas de Egipto.

8 Y os meteré en la tierra por la cual alcé mi mano jurando que la daría a Abraham, a Isaac y a Jacob; y yo os la daré por heredad. Yo JEHOVÁ.

9 De esta manera habló Moisés a los hijos de Israel; pero ellos no escuchaban a Moisés a causa de la congoja de espíritu, y de la dura servidumbre.

Aquí podemos empezar a ver cómo está estable y durable habilidad entra a primer plano. Moisés fue colocado en una tormenta tamaño huracán, y era necesario que él se parara firme en fe. Él estaba parado firme en el carácter en el que Dios lo había moldeado. El enemigo no era capaz de hacer que Moisés se desmoronara frente a la oposición. El permaneció estable en su camino y no iba a cambiar. Él estaba estable. Durante cuarenta años en el fondo del desierto él había aprendido muchas lecciones de resistencia y durabilidad, el necesitaba recordar esas lecciones para poder soportar la tormenta en el presente hasta el final.

Va a tomar habilidad, que es el poder activo que tenemos para realizar todo aquello que va más allá de la inhabilidad del hombre, para terminar de soportar y superar cualquier tormenta hasta encontrar un santo refugio. Dios permitió que el hombre tuviera no solo poder, pero también la autoridad legal para hacer que las cosas de hecho sucedan.

Moisés tenía 80 y Aarón tenía 83 años de edad y a esa edad tenían que confiar plenamente en Dios, confiar que él iba a hacer lo que él dijo que haría. Era simplemente imposible hacerlo en sus propias habilidades. En demostraciones espectaculares de su poder, una tras la otra, cada una de las plagas demostraba la superioridad de Dios sobre todos los otros dioses en los cuales Egipto colocaba su confianza (*Éxodo Capítulos del 4-11*). Ninguna piedra quedara sin voltear mientras Dios prepara el escenario para liberar a Israel de 400 años de atadura. ¡El resultado iba a probar que sin duda alguna no hay Dios como Jehová!

Las llaves para la estabilidad, resistencia y habilidad estaban ahora activadas y la misión rescate para superar la tempestad estaba en movimiento.

Un paso más ocurrió justo antes que Dios liberara ese golpe mortal que causo que el faraón los liberara. Dios instituyo el sacrificio de la pascua del señor.

Éxodo 12:24-28 (RVR1960)

24 Guardaréis esto por estatuto para vosotros y para vuestros hijos para siempre.

25 Y cuando entréis en la tierra que Jehová os dará, como prometió, guardaréis este rito.

26 Y cuando os dijeren vuestros hijos: ¿Qué es este rito vuestro?,

27 vosotros responderéis: Es la víctima de la

pascua de Jehová, el cual pasó por encima de las casas de los hijos de Israel en Egipto, cuando hirió a los egipcios, y libró nuestras casas. Entonces el pueblo se inclinó y adoró.

28 Y los hijos de Israel fueron e hicieron puntualmente así, como Jehová había mandado a Moisés y a Aarón.

Veo una notable semejanza entre lo que sucedió en Éxodo, y lo que sucedió con Pablo en la tormenta en *Hechos 27: 33-38*. Justo antes de que cualquiera de estas tormentas terminara se les instruyo que compartieran pan juntos y dieran gracias a Dios. Los hijos de Israel tenían pascua y Pablo compartió pan con su tripulación. Esto los alentó y les trajo sustento físico que lograría que siguieran adelante a través de las tormentas.

El derramamiento de la sangre, el sacrificio de la Pascua es visto como un medio de liberación. Es un banquete de esperanza y vida. Representa la liberación, la salvación y nuevos comienzos. Cuando te encuentras en medio de la tempestad, comparte pan con el señor. Ten un tiempo de comunión con él; solo la presencia del señor te puede traer paz.

En ambas historias ellos tuvieron que continuar en la lucha hasta poder encontrar el refugio deseado. Haberse rendido solo les hubiera traído desastre. El diablo siguió intentando matar a Pablo aun después de que había presenciado la aparición del ángel del señor. Moisés fue perseguido hasta el mar rojo; donde, igual no parecía tener escapatoria.

Éxodo 14:10-12 (NVI)

10 El faraón iba acercándose. Cuando los israelitas se fijaron y vieron a los egipcios pisándoles los talones, sintieron mucho miedo y clamaron al SEÑOR.

11 Entonces le reclamaron a Moisés:

—¿Acaso no había sepulcros en Egipto, que nos sacaste de allá para morir en el desierto? ¿Qué has hecho con nosotros? ¿Para qué nos sacaste de Egipto?

12 Ya en Egipto te decíamos: "¡Déjanos en paz! ¡Preferimos servir a los egipcios!" ¡Mejor nos hubiera sido servir a los egipcios que morir en el desierto!

¿Esto suena como algo que se te podría haber salido justo antes de lograr tu meta?

Éxodo 14:13-14 (NVI)

13 —No tengan miedo —les respondió Moisés—. Mantengan sus posiciones, que hoy mismo serán testigos de la salvación que el SEÑOR realizará en favor de ustedes. A esos egipcios que hoy ven, ¡jamás volverán a verlos!

14 Ustedes quédense quietos, que el SEÑOR presentará batalla por ustedes.

Una vez más vemos en este pasaje como la gracia de Dios, o la habilidad habilitadora, cuando los lleva a cruzar el mar rojo. También puedo ver un tipo y sombra de muerte, entierro, y resurrección de Cristo en la descripción de lo que paso aquí en *Éxodo 14:21-31*, mientras entraban en el mar y emergían del otro lado. Sus enemigos estaban siendo tragados y ahogados, para nunca ser vistos otra vez por Israel.

Éxodo 15:1-3 (NVI)

1 Entonces Moisés y los israelitas entonaron un cántico en honor del SEÑOR, que a la letra decía:

Cantaré al SEÑOR, que se ha coronado de triunfo arrojando al mar caballos y jinetes.

2 El SEÑOR es mi fuerza y mi cántico;
él es mi salvación.

Él es mi Dios, y lo alabaré;
es el Dios de mi padre, y lo enalteceré.

3 El SEÑOR es un guerrero;
su nombre es el SEÑOR.

Toma la decisión hoy y decide alejarte de tu propia manera de vivir tu vida. Arrepiéntete y entrega tu vida a Jesús antes que sea demasiado tarde para ti. Yo no digo esto con intención de asustarte, sino más bien para advertirte porque no queda mucho tiempo.

Entra al bote con Jesús. Esta es tu única manera de escapar la tempestad que sin duda viene hacia ti. Hay una tremenda ventaja el estar en el bote con Jesús. Él está contigo y nunca te abandonara.

Conclusión

Puedes entrar a cualquier iglesia alrededor del mundo y descubrir como una tormenta está creciendo ahí justo debajo de la superficie.

La posibilidad de que esa tormenta se convierta en todo un huracán en cualquier momento debería de tenernos a todos en alerta. Si solo te guías por las caras de la mayoría de las personas, puedes pensar que todo está bajo control. Los verdaderos hechos están siendo ocultos bajo esas sonrisas falsas, sonrisas que parecen pintadas.

La voz de nuestro padre celestial nos ha estado preparando para lo que se avecina. Él nos ha equipado con todo lo que necesitamos para ser victoriosos en cualquier tormenta que pueda venir contra nosotros. En los futuros días, vamos a poder ver y testificar como la biblia cobra vida en el mundo de hoy en día.

Aquí hay un ejemplo que experimentamos de primera mano. Dios estaba llamando y queriendo advertir a sus hijos de una tormenta traicionera que venía.

En noviembre, 1998, una depresión tropical se situaba en la costa de Honduras, Centro América. Por tres días permaneció sobre la costa y después desboco de ochenta a noventa pulgadas de lluvia en la tierra. Nunca se trasladó a la orilla, pero lo que esa lluvia causo en todo el país, más que nada en los campos fue catastrófico.

Los hondureños se toman su futbol bien enserio. Los

Como Superar La Tempestad

Estados Unidos estaban jugando contra Honduras una vez mientras estábamos en el país. Estados Unidos gano el partido de hecho, y por primera vez en Honduras, sentí que mi vida podía correr peligro, ¡más que nada por los futbolistas fanáticos enojados! De todos modos, mientras esta tormenta tropical estaba inundando el país con lluvia, Honduras estaba cerca de terminar su temporada de futbol por ese año. La tormenta se había desarrollado en un huracán categoría uno, llamado Mitch, que fue determinado, por alguien, como poca cosa y con baja amenaza. ¡Por esta razón, los noticieros decidieron concentrarse en el partido de futbol en vez de la tormenta!

Los ríos empezaron a llenarse y desbordarse y las aguas corrían también desde las montañas causando inundaciones a través de la nación entera. Carreteras y puentes estaban siendo barridos por las aguas y viajar a través del país era casi imposible. No se le aviso o advirtió a nadie de las inundaciones y las personas se estaban despertando en medio de la noche con agua inundando y lavando sus casas, destruyéndolas.

Habían pueblos y aldeas que habían sido arrastradas por la corriente, dejando restos de lo que parecía lechos de los ríos. En un pueblo, lo único que permaneció de pie fue una iglesia. Talvez si les hubieran advertido a las personas, muchas vidas se podrían haber salvado esa noche que se perdieron a causa de la falta de precaución y preparación. El número de víctimas de esa noche fue de más de 15,000 con 26,000 todavía desaparecidos.

Esta tragedia fue tan innecesaria. Siete años después

otro huracán sucedió igual al Mitch, pero habían aprendido la lección de sus errores previos. Esta vez se le había advertido al pueblo sobre la segunda tormenta para que tuvieran precaución y el número de víctimas solo fue de cien personas esa vez.

Como el país dormía durante la primera tormenta había poco o casi cero preocupación al peligro eminente que se avecinaba justo en las orillas de la costa. Llego a ser una creencia común para la mayoría de la nación que esto había sucedido porque Dios los estaba juzgando por todos sus pecados sin arrepentimiento.

No existe duda que la nación recibió un golpe devastador a causa de esta terrible tormenta, pero, para agregar más pésame al pésame, oíamos como decían que todo esto era el juzgamiento de Dios. Esa idea solo generaba más confusión y miseria. Cuando sentimos que algo se está alistando para suceder necesitamos informarle a la gente para que puedan tener el tiempo adecuado para responder y accionar. Lo que sucedió fue trágico, pero simplemente no fueron informados a tiempo para responder.

No hay nada malo con disfrutar de deportes o de otras cosas que brinden gozo a nuestras vidas. Por favor no piensen que estoy diciendo que ver futbol es pecado. No estoy diciendo eso para nada. Lo que Dios nos está diciendo es que prestemos atención a sus advertencias. Prepárate para responder a las tormentas que vienen. No es la naturaleza de Dios destruirnos de esa manera. La biblia dice que satanás es el que viene a robar, matar y destruir. Cuando escuchamos malos reportes tenemos que seriamente ver lo que la palabra de Dios dice en ese caso.

Juan 10:9-10 (RVR1960)
9 Yo soy la puerta; el que por mí entrare, será salvo; y entrará, y saldrá, y hallará pastos.
10 El ladrón no viene sino para hurtar y matar y destruir; yo he venido para que tengan vida, y para que la tengan en abundancia.

Esta tormenta se había situado inmovible sobre la costa de Honduras; nos informaron que no íbamos a poder viajar al país hasta que la tormenta pasara. Todos los días mirábamos los reportes del clima, esperando a que la tormenta se moviera de la costa para que pudiéramos subir al primer vuelo hacia Honduras.

Tuve un sueño una noche que estábamos entrando a una aldea/pueblo. Todo parecía estar bien, pero de repente los del pueblo, aldeanos, se tornaron en nuestra contra y empezaron a dispararnos. Mientras corríamos para escapar alguien dijo "¡Hay seguridad en esta ciudad!" Y luego me desperté y estaba pensando que no era un buen sueño a tener justo antes de ir en un viaje misionero. Con cada día que pasaba, el tan solo pensar que nunca más íbamos a volver a ver a nuestros amigos de nuevo pesaba más y más en mi mente. Ya habíamos comprado nuestros boletos para ir en este viaje misionero a Honduras mucho antes de que el huracán apareciera en escena.

Cuando surgieron las noticias de cómo se encontraba el país, desbastado, más de la mitad de nuestro equipo ya programado a ir decidió que no deberían ir. Me imagine que Dios ya sabía que esto iba a suceder aun antes de que nosotros compráramos los boletos, así que él debía tener planes para nosotros en Honduras. Por esta razón, salimos en el primer vuelo comercial listo para despegar. Dios me dio una escritura:

Salmos 20:1-2 (RVR1960)
1 Jehová te oiga en el día de conflicto;
 El nombre del Dios de Jacob te defienda.
2 Te envíe ayuda desde el santuario,
Y desde Sion te sostenga.

No tenía idea de lo que eso significaba en ese entonces, pero me iba a enterar pronto. Cuando por fin nos dieron la luz verde para viajar a Honduras, las noticias de lo que la tormenta había causado eran abrumadoras. Las aerolíneas solo viajaban a la capital, Tegucigalpa, y teníamos que tomar la línea local Taca hacia San Pedro Sula, la capital industrial, la segunda ciudad más grande de la nación, y nuestra destinación. El agua tenía más de seis pies de profundidad en el aeropuerto de San Pedro Sula. Por miedo a que la pista colapsara con los aviones más grandes, ellos habían prohibido el aterrizaje en esa pista.

Más de un tercio de Tegucigalpa estaba barrido por

las lluvias. Olas de casi treinta pies se mecían en las calles llevándose todo lo que estuviera en su camino. Cuando la gente se enteró que íbamos a Honduras, empezaron a enviarnos medicina, comida y ropa para llevar como donaciones al pueblo Hondureño.

Un doctor nos donó equipo médico como lámparas, camas para hospitales, sillas de ruedas y mucho más para que pudiéramos poner dos clínicas móviles. Teníamos dos contenedores de casi cuarenta pies llenos de suministros. Ambas compañías Dole y la Chiquita Banana perdieron toda su cosecha, algo que les tomaría años en volver a sembrar y cosechar. Como no tenían producto para transportar usaban sus contenedores para traer provisión y ayuda a la devastada Honduras. Los hondureños decían que tomaría por mínimo once años recuperar el país a las condiciones antes de la tormenta.

Fue entonces que comprendí la razón detrás de la escritura que Dios me había dado del Salmo 20 en referencia a enviar ayuda al santuario. Había muchas personas dispuestas a abrir sus manos y corazones en pro de ayudar a la recuperación del país. El gobierno tomó la decisión de entregarle la distribución de toda la medicina y comida donada a la iglesia. Razonaron que la iglesia tenía una relación más cercana con el pueblo y la gente y podían hacer mejores evaluaciones de los daños y necesidades específicas de cada distrito local.

Para ese entonces los reportes de las personas muertas era más de 15,000 y seguía subiendo. Con casi 26,000 un desaparecidos.

Muchas comunidades habían sido cortadas de toda ayuda extranjera y las comunicaciones se habían ido. Por esta razón no podían recibir reportes correctos y precisos de todas las muertes y pérdidas. Las carreteras y puentes principales estaban arruinados, haciendo imposible llegar a todos los que necesitaban ayuda. El número de víctimas seguía escalando y me preguntaba hasta cuando todo esto terminaría. Nos habíamos reunido con el jefe de la seguridad nacional. Desde entonces hemos sido buenos amigos y lo visitamos cuando estamos en el país. Él estaba trabajando con el presidente de Honduras, tratando de traer cordura de nuevo a la nación. Él fue instrumental en contactarnos con el Vicepresidente de Honduras.

¡También nos ayudó a traer los contenedores llenos de suministros que ayudarían a salvar vidas del muelle y a través de la aduana! Dios estaba mostrando su favor porque no muchos contenedores fueron aprobados para entrar al país. Estábamos trabajando con la Asociación de Pastores y les tomo menos de una hora vaciar los dos contenedores y así enviar la ayuda tan necesitada a sus destinaciones apropiadas. Antes de la tormenta, un grupo de pastores de San Pedro Sula estuvo orando porque sentían que algo estaba a punto de suceder. Sus oraciones tuvieron un papel importante en el resultado de la tormenta, porque muy poco daño fue hecho a la ciudad de San Pedro Sula.

Uno de los pastores Misael Argeñal, pastor de la iglesia cuadrangular más grande de Centro América, sintió que las iglesias necesitaban circular la ciudad entera por siete días. En el séptimo día después de rodear la ciudad siete veces, pastor Misael voló sobre la ciudad en un helicóptero y ungió la ciudad con aceite. Muchas personas pensaron que él estaba loco, porque todo parecía estar seguro y salvo, sin ninguna señal de peligro a la vista. Sin embargo él fue fiel y obedeció las instrucciones que había recibido de Dios. Cuando nos estábamos acercando a San Pedro Sula vimos toda la devastación alrededor de la ciudad. La gente estaba viviendo en chozas construidas de los escombros. En toda la carretera se podían ver estas chozas en medio de toda la perdida y destrucción.

¡Cuando llegamos a los límites de la ciudad, fue un marcado contraste, parecía que nada había pasado! La ciudad estaba completamente intacta. Alguien se había referido a esta ciudad como los pulmones de Honduras. "Aquí es donde puedes sentir el aliento, el soplo de Dios," así decían. San Pedro Sula se volvió una gran fuente de ayuda y refugio para toda la nación. Gracias Dios que estos pastores obedecieron la voz de Dios. Nos enteramos que de todas las personas que perdieron su vida con el huracán solo un dos por ciento estaban inscritos y activos en iglesias. Todas las fábricas habían cerrado y dejado de producir, excepto una que era adueñada por un cristiano. Su fábrica seguía abierta y funcionando porque ninguno de sus empleados había muerto. La gente decía que Dios estaba juzgando su nación; pero Dios estaba diciendo,

"El que habita al abrigo del Altísimo, Morará bajo la sombra del Omnipotente. *(Salmo 91:1)*".

Él estaba protegiendo a su rebano, a sus ovejas, él estaba protegiendo a sus hijos. En la historia donde Pablo estaba viajando hacia Roma en Hechos, Capitulo 27, él había intentado advertir a las personas del peligro que se aproximaba. No prestaron atención a la advertencia y les costó altamente.

Alabado sea el señor que Pablo estaba orando por las vidas de todos los que estaban navegando con él. Alabado sea el señor que alguien tuvo el coraje de ir en contra de lo que la gente decía y siguió las instrucciones y dirección de Dios. Podemos aprender de los errores de otros y no seguir esos mismos pasos. Capta el mensaje del evangelio y fortalécete a ti mismo en Cristo Jesús. Conviértete en un individuo estable el cual Dios pueda usar para ayudar a otras personas a superar las tempestades de la vida. Tolera las dificultades como un buen soldado. Sal de tus propias inhabilidades y entra a la habilidad de Dios que cambia el resultado de la tormenta. Aprende a proclamar su palabra con valentía. Dios siempre te permitirá que cumplas tu asignación. No tengas miedo de salir adelante.

Salmos 107:8 (RVR1960)
8 Alaben la misericordia de Jehová,
Y sus maravillas para con los hijos de los hombres.

En otro viaje misionero a Honduras, en Noviembre

del 2007, tuve la oportunidad de encontrarme con mi amigo de la seguridad nacional. Él dijo que había estado con el presidente y que ambos estaban de acuerdo en que la economía de la nación quedo destruida después del Mitch en 1998. Parecía no haber forma en que su economía actual sostuviera todas sus necesidades financieras después del huracán. Sin embargo, después de dos cortos años descubrieron que el país estaba de pie de nuevo y que un progreso se estaba logrando, ¡aún más rápido que los once años que predecían antes!

Explicaron que gracias a toda la ayuda y el apoyo cristiano y en específico el apoyo cristiano del extranjero que fue otorgado a Honduras de países alrededor del mundo Honduras probablemente no se hubiera recuperado como lo hizo.

No permitas que las tormentas en tu vida te destruyan. Escucha los consejos que las personas de Dios te den. No creas la mentira del diablo, que te dice que la tormenta a la orilla de la costa no te va a afectar. ¿Es solo una depresión tropical de todos modos verdad?

El diablo ha engañado a la humanidad haciéndola creer que lo bueno es malo y lo malo es bueno. Se están estableciendo muchas iglesias satánicas alrededor del mundo. La religión Wicca está recibiendo acceso legal a nuestros lugares públicos de adoración. Las grandes tormentas ya vienen, amigos, y necesitas preguntarte a ti mismo de qué lado estas. Dios solo tiene cosas buenas planeadas para ti.

Santiago 1:17(RVR1960)
*17 Toda buena dádiva y todo don perfecto
desciende de lo alto, del Padre de las luces…*

Satanás solo tiene planes de destrucción para ti, y matar está en su naturaleza. El té robara de todo tu gozo y señalara a Dios exigiendo explicaciones a porque todo esto te está pasando; como si Dios fuera responsable. Nosotros servimos a un Dios justo, y la justicia y la bondad forman su carácter. Hay un castigo por la injusticia que debe ser pagado.

Si Dios nos permitiera quebrantar sus leyes libremente eso lo convertiría en un juez injusto. Adán perdió su posición en poder gobernar la tierra porque rompió la ley de Dios.

A satanás le encantaría ver a Dios perder su posición como Rey que reina quebrantando sus propias leyes. Jesús recibió una paliza para poder cumplir con los requerimientos de la ley de Dios. Él fue crucificado en una cruz y enterrado. Estuvo en el infierno tres días donde arrebato las llaves del infierno, de la muerte y la tumba. Jesús venció a satanás de una vez y por todas en su propio juego.

Amigos: se ha hecho justicia. La pena ha sido pagada en su totalidad. Jesús ya ha vencido sobre la injusta sentencia de muerte que tu enemigo había planeado en contra tuya. Tienes que tomar la decisión en qué lado escoges estar. Te lo explico de esta manera: mientras más te niegues a tomar una decisión, entonces, ya has de hecho tomado tu decisión.

Mateo 5:25-26 (RVR1960)

25 Ponte de acuerdo con tu adversario pronto, entre tanto que estás con él en el camino, no sea que el adversario te entregue al juez, y el juez al alguacil, y seas echado en la cárcel.

26 De cierto te digo que no saldrás de allí, hasta que pagues el último cuadrante

Me fue difícil entender porque tenía que estar de acuerdo con mi adversario, Satanás, en esta escritura. Pensé a mí mismo, no existe nada en lo que podamos estar de acuerdo, excepto en que lo odio a él y el me odia a mí en eso si podíamos estar de acuerdo. Si no me pongo de acuerdo con el sobre mi pecado, y después me arrepiento, entonces Dios no tiene otra alternativa más que permitir que su justicia divina cumpla con su curso. Por no arrepentirse iba a terminar en la cárcel pagando por algo por lo que Jesús ya ha pagado en su totalidad.

El diablo hasta te va a permitir que culpes a Dios por todos tus problemas, y así mantenerte alejado de la verdad. Mientras no te adueñes de tus pecados, y sigas en culpando a alguien más, el diablo tiene derecho sobre ti y puede hacer cumplir un veredicto de culpable a los cargos presentados en tu contra.

En *Mateo 12:30* Jesús dice, *"El que no es conmigo, contra mí es…"* Es tu decisión. Ahora es el tiempo para escoger, pero recuerda, siempre hay consecuencias a las decisiones que tomas en tu vida.

1 Juan 1:8-10 (RVR1960)

8 Si decimos que no tenemos pecado, nos engañamos a nosotros mismos, y la verdad no está en nosotros.

9 Si confesamos nuestros pecados, él es fiel y justo para perdonar nuestros pecados, y limpiarnos de toda maldad.

10 Si decimos que no hemos pecado, le hacemos a él mentiroso, y su palabra no está en nosotros.

Dios ha creado una manera de escapar las tormentas que han sido enviadas a destruirte. Yo prefiero estar en el bote con Jesús que en el viento y las olas que crecen cada vez más, que lejos de su presencia bajo cualquier circunstancia.

Hechos 3:19 (RVR1960)

19 Así que, arrepentíos y convertíos, para que sean borrados vuestros pecados; para que vengan de la presencia del Señor tiempos de refrigerio,

Vamos a seguir adelante con la confianza y audacia que viene solamente con saber quiénes somos en Cristo Jesús. Esta es la estabilidad que carga una fuerte defensa contra el plan de ataque del enemigo en tu contra. A medida que te vuelves estable en la Palabra de Dios puedes controlar todas las tormentas que te quieran retar. ¡Con la resistencia y la capacidad/habilidad que va más allá de ti mismo, puedes infundir miedo en el enemigo y mandarlo a correr!

Ahora tienes el derecho legal para hablarle a las tormentas que te atacan, con la autoridad del Rey de Reyes y Señor de Señores que te está respaldando. Yo puedo ver a Jesús que está en el timón del barco, hablándole al viento y las olas, diciendo: " La paz sea todavía", con todos aquellos a su alrededor preguntando: "¿Quién puede ser éste?

¡Te digo con toda honestidad y verdad de la palabra de Dios, este puedes ser tú!

Dios quiere que recibas su regalo gratis, el regalo de la salvación. Jesús quiere salvarte y llenarte con su espíritu santo más que nada. Si nunca has invitado a Jesús, el príncipe de paz, a ser tu señor y salvador, te invito a que lo hagas ahora. Sinceramente ora la siguiente oración y vas a tener y experimentar una nueva vida en Cristo Jesús.

Oración de Salvación

Amaste tanto al mundo, que enviaste a tu único hijo amado a morir por mis pecados para que quien creyere en el no muera, si no que tenga vida eterna. La Biblia dice que somos salvados por gracia a través de la fe, como un regalo. No hay nada que yo pueda hacer para ganarme la salvación. Yo creo y confieso con mi boca que Jesucristo es tu hijo, el salvador del mundo.

Yo creo que el murió en la cruz por mí y cargo todos mis pecados, pagando el precio por ellos. Yo creo en mi corazón que tú resucitaste a Jesús de los muertos. Te pido que perdones mis pecados. Yo confieso a Jesús como mi señor y salvador. Te pido que me perdones; según la Biblia, yo soy salvo y pasara la eternidad contigo.

Gracias, Padre. ¡Estoy tan agradecido!

En el nombre de Jesús, Amen.

Acerca del Autor

Rev. Wayne Sanders es egresado del Instituto Bíblico Centro de Entrenamiento/Universitario Rhema (Rhema Bible Training Center/College). Junto a su esposa Connie Sanders, ellos Co-fundaron "Ministerio Tierra En Común" (Common Ground Ministries)

También sirven como capellanes en siete prisiones. Wayne es un hábil salmista y ministra el evangelio en las calles. El enseña y predica la palabra de Dios en varias Iglesias a través de todos los Estados Unidos y en el extranjero como misionero.

Para aquellos que no van a la iglesia, Ministerios Tierra en Común les trae la iglesia a ellos.

Página para Ordenar

Para pedir copias adicionales de: "Cómo superar la tempestad", complete la siguiente información:
Enviar a: (en letra molde por favor)
Nombre_____
Dirección_____
Ciudad: _____ Estado: _____
Código Postal: _____

"Cómo superar la tempestad"
 Donación sugerida: $ 10.95
Me gustaría pedir _____copias del libro. $ _____
El costo de envío es $ 3.14 por libro $ _____
CANTIDAD TOTAL $ _____

Si desea hacer contribuciones de caridad, hágalas por cheque a nombre de: Wayne W. Sanders, o Common Ground Ministries

También puede visitar nuestro sitio web donde puede ordenar más copias del libro a través de nuestra cuenta PayPal: www.cgmok.com

Dirección de Coreo:
Common Ground Ministries
PO Box 2811
Broken Arrow, Oklahoma 7401

• FREEDOM
The Liberty that Repentance Brings
An Investigation of True Repentance

by Jerry W. Hollenbeck
• The KINGDOM of GOD
An Agrarian Society
Featuring The Kingdom Realities, Bible Study Course, Research and Development Classes

• The Word of God
FATHER • WORD • SPIRIT
Literally THE WORD

----

by Mary Ann England
• Women in Ministry
From her Teachings at the FCF Bible School - Tulsa, Oklahoma
Compiled and Edited by Charles R. England
(Foreword by Pat Harrison)

----

by James Jonsten
• WHO is GOD to YOU?
The path to know the most misunderstood name in the universe.

----

by Aaron Jones
• In the SECRET PLACE of THE MOST HIGH
God's Word for Supernatural Healing, Deliverance and Protection

• SOUND from HEAVEN
Praying in Tongues for a Victorious Life

Available at Select Bookstores and
www.BOLDTRUTHPUBLISHING.com

37526899R00053

Made in the USA
San Bernardino, CA
19 August 2016